AF340426

JOURNAL EXACT

De la situation dans laquelle étoit la Martinique, à l'époque du 28 octobre 1790.

Saint-Pierre, 16 octobre.

JE vous ai donné les détails journaliers de notre malheureuse position jusqu'à la fin du mois dernier ; depuis, elle n'a pas changé, bien s'en faut. Vingt-deux députés de la Guadeloupe sont arrivés ici pour être média-teurs, et apporter la paix à la colonie. Sainte-Lucie en a envoyé aussi ; ces deux corps réunis ont écrit à M. Damas, pour lui de-mander un sauf-conduit, afin de n'être point inquiétés dans leur route du Fort-Royal au Gros-Morne : ils ont obtenu, pour deux personnes seulement, une de chaque île, afin de faire connoître leurs pouvoirs.

M. Angeron, de la Guadeloupe, et M. Navès, de Sainte-Lucie, furent nommés pour cette mission : ce dernier a pensé être

sacrifié à son zèle ; on vouloit absolument le pendre au Gros-Morne, malgré le
sauf-conduit de M. Damas, parce que le
bruit s'étoit répandu, dans le camp, que
Sainte-Lucie avoit armé un corsaire pour
empêcher le cabotage de cette île, à sa communication au vent de celle-ci ; ce qui étoit
faux. Après les outrages les plus violens,
on les a renvoyés, en prétextant que leurs
pouvoirs n'étoient pas suffisans, sur-tout
ceux de la Guadeloupe n'ayant point été
sanctionnés par l'assemblée coloniale.

Ces messieurs sont revenus au fort Bourbon porter le résultat de leur voyage aux
autres députés, ils se sont rendus ici hier,
15 octobre, et sont repartis le même soir ;
au nombre de trois, pour la Guadeloupe,
pour se conformer au desir du camp du
Gros-Morne, et revenir avec les pièces que
ces hommes, acharnés à nous tourmenter,
exigent. Cette difficulté n'est que pour per-
pétuer nos souffrances, glacer le citoyen ;
accablé sous le poids des corvées, et engager
les patriotes de la Guadeloupe, Marie-Ga-
lante, Sainte-Lucie et Tabago à retourner
dans leurs foyers. Ils se trompent; nos braves
alliés ne se rebutent pas de ces longueurs,

et tout le monde , animé , ici et au fort Bourbon, du même esprit, s'arme de patience, et redouble de zèle pour notre sûreté.

Le plus grand danger n'est pas pour nous ; nos ennemis en ont un qui peut avoir les suites les plus funestes. Le nègre , esclave armé , de même que le mulâtre, demandent, à grands cris , le prix de leurs services , la liberté qu'on leur a promise. Cette insurrection a fait frémir les monstres qui les ont séduits ; le camp du Gros-Morne est dans une division qui peut causer leur perte. Cette troupe odieuse s'est portée dans toute la campagne pour y enlever les bestiaux pour leur subsistance ; les nègres ont demandé leur part de ces captures , ce qu'on leur a refusé. La disette des vivres les portera à quelque extrémité qui leur sera également funeste : ils voient à présent le danger , et la démarche qu'ils ont faite hier, en envoyant proposer, au fort Bourbon , de commencer les conférences pour la paix , en est une preuve. On a choisi l'habitation du chevalier Borke , pour y envoyer des députés : ceux de la Guadeloupe et de Sainte-Lucie sont partis hier au soir du Fort - Royal , avec les demandes que nous avions à faire. Il faut que la position de ces messieurs soit bien critique pour avoir sacrifié leur orgueil. Ils n'ont plus le vain prétexte que les députés de la Guadeloupe ne sont pas en règle pour entrer en pour-parler ; ils n'attendent plus le retour de ceux qui sont partis , pour demander un lieu de conférence. Quelle inconséquence ! elle exprime bien la pénible situation où ils sont. Toute la colonie s'en ressent , et nous sommes tous les jours exposés aux plus affreux dangers.

L'insurrection des nègres esclaves est à son comble ; toutes les habitations du Fort-Royal à Saint-Pierre sont dévastées ; plusieurs blancs , propriétaires , ont été sacrifiés par les nègres ; la désolation est à son comble. On se réfugie à Saint-Pierre , pour se soustraire à la mort , et on abandonne récolte et meubles , pour conserver la vie. Hier , 400 nègres ont osé tirer sur un bateau armé. Ils étoient au fond capot : deux cens coups de fusil ont porté sur ce bâtiment , sans tuer personne. On leur a riposté des coups de canons , qui en ont tué au moins quarante , ce qui a mis l'épouvante , et fait fuir ce qui restoit. Ils ont gagné les hauteurs. Ils avoient pris, dans la nuit, une goëlette venant de Sainte-Lucie sur son leste. Comme l'équipage étoit des gens de couleur, ils leur ont donné le canot pour se rendre ici. Le maître étoit un blanc ; mais, heureusement pour lui, à la faveur de son teint brun, il a passé pour mulâtre ; ce qui lui a sauvé la vie.

Ne pouvant faire aucun usage de la goëlette, ils ont pris les voiles et cordages, et l'ont coulée bas. La nuit dernière, on a fait sortir trois cents hommes pour leur donner chasse ; ce matin on a demandé un nouveau renfort de cent hommes, qui sont partis à dix heures : puissent-ils dissiper cette horde dangereuse ! Elle n'a que la ressource des hauteurs, et celle de s'enfoncer dans des bois et des abîmes, que les nègres seuls connoissent. Nombre de mulâtres et esclaves de la ville ont été les joindre. Des domestiques même de confiance, il y en a un à M. Diant, un à M. Larnac. Madame Carère a été à temps de faire arrêter son cuisinier, à l'instant où il alloit partir. Voilà la cruelle position où nous ont mis les Dubuc, Saintauzin, Forien, etc. S'ils pouvoient, seuls, porter le poids de leurs forfaits , ce seroit une consolation pour nous ; mais , malheureusement , nous ressentirons les contre-coups de leur odieuse conduite.

Nos calamités éloignent de Saint - Pierre beaucoup de citoyens ; l'hôtel-de-ville ne donne absolument aucun congé , mais , à force d'argent, on trouve le moyen de partir. M. Richer avoit obtenu de passer en France , sur une requête qu'il avoit présentée à l'hôtel-de-ville ; il devoit s'embarquer demain pour la Pointe à Pitre , d'où il part un bâtiment pour Rordeaux : M. Delgrès , autorisé par cette permission , en a demandé une : on a reconnu le danger d'en donner ; non-seulement on la lui a refusée , mais on a retiré celle accordée à M. Richer. Si les citoyens opulens se retirent , que deviendrons-nous ? Faudra-t-il que nous exposions notre vie, et le peu de moyens qui nous restent , pour conserver la fortune de ces riches émigrans ? Cela n'est pas juste ; aussi s'est-on fait une loi de ne plus accorder de congé à personne , sans avoir égard ni à l'âge ni à la fortune. M. Clarck et son fils , passés furtivement à la Dominique , ont écrit qu'ils éprouvoient le plus grand mépris des Anglois mêmes, qui les accusent d'avoir abandonné la cause commune.

Il part tous les jours un bateau armé pour la communication du Fort-Royal à Saint-Pierre. Il porte les lettres et passagers qui ont affaire dans cette partie. Voilà où nous en sommes réduits. Plus de sûreté dans la campagne; plusieurs blancs ont été égorgés dans ce court trajet. Les bâtimens armés, que nous avons, au nombre de trois, croisent au vent de l'île, pour intercepter tout ce qui peut entrer et sortir, et priver nos cruels ennemis de tout secours étranger. On porte la plus grande vigilance pour qu'il ne sorte rien de Saint-Pierre.

Du 17 octobre.

Nous sommes parvenus au comble de l'horreur : ce n'étoit pas assez qu'une guerre civile, il falloit joindre à ce tableau effrayant, celui de combattre contre des esclaves armés. Mon sang se glace, en retraçant les projets de nos ennemis. Ils triomphent, les barbares, et leurs forfaits sont à leur comble ! Armes des mulâtres et des nègres esclaves, dans un pays qui ne peut se maintenir que par la discipline la plus exacte sur ces individus, cela fait frémir. Nos ennemis, abandonnés à leur rage, n'ont donc pas prévu que cette insurrection retomberoit sur eux-mêmes, et qu'ils en seroient tôt ou tard la première victime; que la campagne est plus exposée que nous à la fureur des esclaves armés, qui ne reconnoissent plus leurs maîtres. Quelle situation pour eux et pour nous! Quel sacrifice ne faudra-t-il pas faire pour ramener tous les atteliers dans leur devoir! Voilà la triste position de cette malheureuse colonie, que deux cents ans de travaux avoient élevé à un degré de splendeur et de richesse, qu'un seul instant détruit. Toutes les habitations du Fort-Royal à Saint-Pierre ont été abandonnées; tout y est dévasté, récoltes, meubles ont été la proie des esclaves. Ils ont brisé, saccagé ce qu'ils n'ont pu emporter. Ce matin, 300 hommes de troupes et de citoyens sont sortis pour chasser ces ennemis de l'habitation de M. Décasse.

Du 18 octobre.

Nos troupes sont rentrées hier au soir sans un succès bien décidé. On avoit envoyé, sur les quatres heures, les grenadiers et chasseurs de la Guadeloupe pour renforcer notre détachement. On leur avoit donné une pièce de campagne; mais ce secours est arrivé trop tard. On avoit jugé à propos de revenir avant la nuit, n'ayant pas de quoi camper. On croit avoir tué 30 ou 40 mulâtres ou nègres. Ils étoient au nombre de 400, retranchés sur une élévation, qui nous laissoit à découvert; nous étions trop peu nombreux pour les forcer. Nous avons eu trois hommes légèrement blessés. Nous avons eu l'air de fuir en abandonnant le champ de bataille, qu'ils ont occupé tout de suite. Cette conduite leur donne de la confiance et du courage. M. de Gosniers, qui a été excessivement exposé au feu, a eu le bonheur d'échapper au danger. Le premier coup de fusil a été dirigé sur lui : celui qui l'a tiré a payé de sa vie sa témérité.

M. Roland, capitaine au régiment de la Martinique, s'évada jeudi 14 dans la nuit pour se rendre au Gros-Morne. Il s'est noyé dans sa fuite , et a été trouvé à la Lance avec dix-sept moèdes dans sa poche , sa montre et quelques hardes. On l'a porté au Fort-Royal où il a été enterré. Cette même nuit , un nommé Gason , sergent , a déserté , emportant avec lui le drapeau blanc du régiment. On assure qu'il y avoit environ 40 officiers et bas-officiers , soldats qui avoient le même projet. On ne les connoît pas encore ; on fait des perquisitions pour les découvrir. Le camp du Gros-Morne cherche à corrompre notre garnison. Nous avons , parmi - nous , des ennemis cachés qui les servent fidèlement.

Il y a de la rumeur au camp ennemi. M. Occonnor , major du régiment de la Guadeloupe et Dégranges , habitans , se sont battus et tués l'un et l'autre. Le premier a blessé son adversaire à son premier coup de pistolet : celui-ci a riposté et tué roide M. Occonnor ; lui-même est mort de sa blessure le troisième jour.

Il est arrivé hier 17 un bâtiment de Bordeaux , ayant 42 jours de traversée. Le capitaine nous a dit avoir vu , mardi dernier 12 , trois bâtimens , qu'il croit être un vaisseau

et 2 frégates , ayant leurs basses voiles car-
guées , et leurs humiers sur le ton ; qu'ils
ont mis pavillon et flamme blancs. Ils étoient
alors à 180 lieues de la Martinique. Si ces
bâtimens sont réellement françois , ils ne
sont pas destinés pour ici; ce navire ne les
auroit pas devancé. Pourquoi ne les fai-
soient-ils pas servir ? On se perd en conjec-
tures. Nous croyons que cette petite escadre
étoit destinée pour Tabago. Quand en vien-
dra-t-il pour nous ? Il seroit bien temps qu'on
nous portât des secours. Que deviendrions-
nous , si les nouveaux Angletériens ne nous
substantoient pas ? Heureusement les vivres
ne nous manquent point ; mais combien de
citoyens manquent de moyens pour s'en pro-
curer ? Je n'ose m'arrêter à ces affligeantes
réflexions.

Monsieur Eyma part pour France , dans
le navire qui portera cette suite de rela-
tion de nos malheurs. Il part dans un navire qui s'expédie de la Pointe à-Pître. Ce
généreux citoyen va porter à l'assemblée na-
tionale la position cruelle et affligeante de
cette colonie. Quelque pathétique qu'il em-
ploie , il sera encore loin de la teinte du tableau , trop au-dessus de l'expression. Il a

offert généreusement de faire ce voyage à ses frais , ne demandant pour récompense que le bonheur de nous être utile , et à la métropole , en lui conservant , s'il en est temps encore , une colonie jadis si florissante.

Nous avons eu , la semaine dernière , un navire provençal , ayant 52 jours de traversée; il repart cette semaine pour Saint-Domingue. Il a vendu ici du vin et autres provisions dont nous manquions. Il nous a annoncé un brigantin , parti 10 jours avant lui pour Cadix , où il doit prendre 722 mille livres pour ces colonies. Il tarde bien à paroître , et ce retard nous inquiète. Nous sommes sans le sol ; on a fait un emprunt de 5o mille livres la semaine dernière pour subvenir aux plus pressans besoins. L'hôtel-de-ville est chargé de tout les achats , dépenses qui passent tous dans les magasins du roi, 2000 hommes à nourrir et à entretenir. Les ustensiles de guerre , le fret des bateaux et armemens sont très-considérables ; tous ces objets sont effrayans pour une colonie sans ressource. Plus de commerce , bientôt plus de numéraire , l'artisan oisif , les domestiques sont pris pour les corvées ; tous les jours il faut transporter

des vivres et des munitions aux camps que
nous avons sur les hauteurs. Les loyers des
maisons ne se paient pas ; les citoyens de
toutes classes sont sans cesse à des portes
ou au bivac ; tout le monde est sur les dents ;
combien de malheureux qui n'ont pas leur
subsistance ! la majeure partie des troupes
des autres colonies et les patriotes sont logés
et nourris chez le bourgeois ; il y en a qui
en ont 4 à 5 chez eux ; voilà , en racourci ,
notre cruelle position. Que d'année ne faudra-t-il pas pour réparer tant de malheurs ,
sur-tout pour les habitations qui n'ont que
des moulins à bœufs ! Les mulets mêmes suc-
combent sous le poids forcé des voyages
qu'on leur fait faire ; il en périt beaucoup :
comptez sur la vérité de ces détails. Tous
faits sont fidèles ; ils ne sont que trop cer-
tains pour notre malheur et celui de la métropole.

Pour copie conforme aux originaux
restés en notre pouvoir. A Paris ,
ce 15 décembre 1790. R u s t e ,
A r n a u d d e C o r i o , députés
de Saint-Pierre de la Martinique.

Nota. Les lettres qu'ont reçues MM. les

députés de la Guadeloupe , à la date du 2 novembre , ne contrarient pas l'énoncé ci-dessus. On marque à ces MM. que la Martinique est toujours dans le même état. Aucun détail antérieur ne leur est donné ; on compte beaucoup sur la médiation de nouveaux députés envoyés à la Martinique. Puisse cette espérance se réaliser !

De l'Imprimerie du PATRIOTE FRANÇOIS, Place du Théâtre Italien.

www.ingramcontent.com/pod-product-compliance
Lightning Source LLC
LaVergne TN
LVHW022253030726
842520LV00009B/2806